LOUIS VAVASSEUR

PROFESSEUR HONORAIRE DE L'UNIVERSITÉ

# LETTRES PHILOSOPHIQUES

## POSITIVISME ET SPIRITUALISME

PARIS
ANCIENNE MAISON CHARLES DOUNIOL
P. TÉQUI, SUCCESSEUR
29, rue de Tournon, 29

1899

TOUS DROITS RÉSERVÉS

LOUIS VAVASSEUR

PROFESSEUR HONORAIRE DE L'UNIVERSITÉ

# LETTRES PHILOSOPHIQUES

## POSITIVISME ET SPIRITUALISME

PARIS
ANCIENNE MAISON CHARLES DOUNIOL
P. TÉQUI, SUCCESSEUR
29, rue de Tournon, 29

1899

TOUS DROITS RÉSERVÉS

## A MONSEIGNEUR LE CARDINAL PERRAUD

ÉVÊQUE D'AUTUN, CHALON ET MACON

Membre de l'Académie française

---

Monseigneur,

Les ans ont passé sur moi, tantôt lourds, tantôt légers, depuis le jour, où j'écoutais, en rhétorique, au lycée d'Angers, vos belles et savantes leçons d'histoire ; mais ils n'ont jamais altéré la reconnaissance de votre ancien élève, qui, toujours indiscret, vous prie aujourd'hui de vouloir bien accepter la dédicace de ses *Lettres philosophiques*, que vous avez lues et jugées avec tant de bienveillance.

Daignez agréer, Monseigneur, l'hommage de mon profond respect.

Louis VAVASSEUR.

*Autun, le 29 septembre 1895.*

Mon cher ancien élève,

. . . . . . . . . . . . . . . . . . . . .
. . . . . . . . . . . . . . . . . . . . .

Vous avez opposé aux thèses — et surtout aux hypothèses du positivisme — des arguments solides fondés tout à la fois sur la connaissance vraie de l'âme humaine, des lois qui la régissent, des besoins intellectuels qui la tourmentent, et aussi sur la sagesse traditionnelle des maîtres de la pensée.

Un jeune homme inexpérimenté trouvera dans ces lettres d'utiles conseils, qui pourront l'aider à se mettre en garde contre des théories trop répandues, hélas! parmi nous, surtout depuis vingt-cinq ans, et dont nous voyons chaque jour les douloureuses et désastreuses applications.

. . . . . . . . . . . . . . . . . . . . .
. . . . . . . . . . . . . . . . . . . . .

Agréez, je vous prie, l'expression de tous mes bien dévoués sentiments.

† Adolphe LOUIS,
Évêque d'Autun.

## AUX LECTEURS

Témoin des ruines morales s'accumulant sans cesse sous l'action dissolvante de dangereuses et décevantes théories, quelqu'un, profondément attristé, demandait un jour à Jules Simon s'il était un remède à ce mal. — Oui, il en est un, répondait l'illustre vieillard, un seul : il faut refaire l'âme religieuse de la France.

Me souvenant de ces paroles, je me décide à faire paraître des lettres intimes, qui ont été écrites en 1894 et en 1895, à la prière d'un de mes anciens élèves, désireux de connaître mon opinion sur le positivisme, cette philosophie étroite, qui ramène la divinité à un fantôme, la morale à la prudence dans le plaisir, et la religion aux chétives proportions de quelques événements historiques.

Je n'ai point la prétention de faire œuvre originale et savante. Mon ambition est plus modeste : je m'estimerai heureux et récompensé de mes efforts, si je réussis, chers lecteurs, sans trop fatiguer votre attention, à vous démontrer d'une manière simple, mais nette, et surtout à vous convaincre que le système positiviste, qui ne doit la faveur, dont il jouit aujourd'hui qu'à l'affaiblissement des études en général et de celle de la philosophie en particulier, n'est pas autre chose, avec ses lacunes, ses erreurs, ses affirmations gratuites, ses négations intéressées, ses contradictions, ses pétitions de principe, ses emprunts, sa méthode défectueuse, que le système matérialiste, dont il a rajeuni les vieilles formules et gardé l'axiome fondamental : Tout vient des sens ; il n'y a de vrai que ce qui tombe sous les sens.

Louis VAVASSEUR.

# LETTRES PHILOSOPHIQUES

## SUR LE POSITIVISME

*A M. Eugène de B...*

I<sup>re</sup>

RÉPONSE A LA LETTRE DE MON JEUNE AMI.

1<sup>er</sup> novembre 1894.

J'ai reçu avec une grande joie votre lettre datée du 25 octobre. Elle me prouve que vous n'avez point oublié votre vieil ami ; elle me prouve aussi que vous avez confiance en lui, aujourd'hui comme autrefois.

Vous avez pris le parti, me dites-vous, de vous livrer à l'étude de la philosophie. C'est bien. Je ne puis que vous féliciter de cette bonne résolution. « Toutes les sciences, disait Aristote, ont plus de rapport, il est vrai, avec les besoins de la vie, mais aucune ne l'emporte sur elle. »

La philosophie, en effet, satisfait à un de nos besoins les plus nobles et les plus impérieux, celui de nous rendre compte de notre nature, de notre origine et de notre destinée. La philosophie développe notre intelligence, nous apprend à penser, à tout approfondir, nous donne cet esprit de discernement, de méthode et de critique, si nécessaire dans toutes les circonstances de la vie. La philosophie enfin exerce une très grande influence sur la conduite morale de l'homme.

C'était là ce que je vous disais autrefois dans ces intimes causeries, quand l'un à côté de l'autre, oubliant tous les deux, chaque soir, les heures qui passaient si rapides, nous nous élevions dans ces régions calmes et sereines, où les bruits du monde s'éteignent, où les passions se taisent, où rien ne trouble les méditations et le recueillement de l'âme.

Je parle de longtemps. Depuis, vous avez lutté, pour occuper, dans la société, le rang distingué, que vous occupez aujourd'hui : c'est la loi. Heureux ceux qui puisent, dans la conscience de leur valeur personnelle, la force nécessaire à la lutte; qui, sans se laisser décourager par l'oubli des services rendus, et par le mépris des droits acquis, tendent toujours au même but.

*Patience et courage*
*Font plus que force ni que rage,*

a dit le poète. Il avait raison. Les sages ont toujours mis ce précepte en pratique. Vous les avez imités. Vous avez su marcher d'un pas ferme dans la carrière que vous avez choisie, et, d'étape en étape, vous êtes arrivé à une position honorable et enviée. Alors votre fortune, vos talents vous ont donné accès dans le monde, le grand monde, comme on dit, ce monde où, sous l'étiquette du bon ton, les ambitions se heurtent, les vanités se froissent, où se nouent, sous le voile du mystère, les intrigues galantes de quelque renom ; où s'ébruitent les petits scandales de théâtre, de turf, de club ; où se lancent les premières modes ; où se font et défont les réputations littéraires et artistiques ; où se pressent en foule des plaisirs sans cesse renaissants sous des formes variées et infinies. La vie qu'on y mène est celle qu'on rêve à vingt ans, la vie pleine de bruits, de mouvements, de surprises et d'étonnements. Elle est bien faite pour être aimée à cet âge ; je l'avoue. Et cependant il n'était pas difficile de prédire ce qui est arrivé.

Tout d'abord émerveillé par une mise en scène brillante, par le jeu correct d'acteurs élégants dans cent actes divers, vous vous êtes aperçu bientôt que ces cent actes divers n'étaient que les mêmes tableaux d'une même féerie, où tous les personnages jouaient le même rôle ; et l'ennui vous gagna. Vous avez vu que cette gaieté, qui vous semblait franche et cordiale, n'était que commandée ou étudiée ; que cet abandon charmant dans les confidences intimes n'était qu'un moyen ingénieux de vous arracher un aveu, un secret ; que cette réserve discrète dans les relations n'était que le chemin détourné, qui conduit à l'obsession. Et vous, homme loyal et honnête, vous qui ne connaissiez point ces subtilités de langage et cette hypocrisie de sentiments, vous avez été pris d'un invincible dégoût.

C'est que, mon jeune ami, le vrai bonheur ne se trouve pas dans cette vie factice et toute de convention, mais bien dans la vie méditative, qui sera toujours pour l'âme l'intarissable source des grands enseignements et des ineffables joies, soit que, se repliant sur elle-même, elle cherche à percer le mystère qui l'entoure, soit que, prenant un libre essor, elle vole au delà de nos horizons pour surprendre le secret des lois de l'univers et s'élever jusqu'à Celui qui les a créées.

Vous l'avez pressenti. Aussi êtes-vous revenu à vos chères études. Je m'en réjouis. Cependant (pourquoi le taire?) il y a dans votre dernière lettre certains passages qui m'inquiètent et m'effraient.

« En philosophie, dites-vous, il faut encourager tous les mouvements d'idées, et surtout les tendances à l'émancipation de la pensée. Il me semble déjà apercevoir au loin, ajoutez-vous, un feu naissant, qui jettera, dans un temps plus ou moins éloigné, une grande lueur sur les problèmes psychiques. »

Voilà bien des mots sonores, j'en conviens, mais qui seraient vides de sens pour moi, si je ne trouvais plus loin cette autre phrase : « J'ai lu avec un intérêt croissant d'ingénieuses théories, nouvelles pour moi, et qui m'ont laissé sous le charme. Je veux parler des théories positivistes ; et j'ai hâte d'étudier plus sérieusement un système, qui, selon moi, a le mérite d'éviter les formules banales et d'émettre des idées neuves. Comme autrefois, cher Maitre, je viens vous prier de me guider dans cette étude, et de me dire, avec cette franchise que je connais, ce que vous pensez du positivisme, etc., etc. »

Je crains, mon jeune ami, en vous voyant donner à vos études une autre direction, que vous ne vous engagiez trop témérairement sur un terrain, où la pente est glissante. Séduit par des théories brillantes, on veut simplement les étudier en curieux, et subissant un charme secret, inconnu, irrésistible, qui attire fatalement à lui, quand on est en face d'une École ayant la vanité prétentieuse d'affranchir l'homme de ce qu'elle appelle des préjugés, ou tout au moins des hypothèses gênant le libre arbitre et faussant la raison par l'illogisme et la superstition, on est étonné d'abord, puis on admire, bientôt on approuve, plus tard on défendra ce qu'autrefois on aurait attaqué. Mais quand, avec les années, les illusions tombent les unes après les autres, *sicut flosculi*, on reste, soit par orgueil, soit par fausse honte, au rivage où l'on a échoué, l'âme pleine de doutes et d'angoisses, quand la mort se dresse inexorable et nous montre derrière la tombe, le grand inconnu.

Croyez-moi, ne vous engagez pas dans ces sentiers nouveaux sans prendre pour guide la raison. Gardez-vous de cet enthousiasme irréfléchi, qui livre l'imagination à tous les écarts possibles ; évitez avec soin tout ce qui est incertain et obscur; n'adoptez rien qui ne soit précis, inattaquable. Rappelez-vous cette première règle de Descartes, dans son Discours de la Méthode (II<sup>e</sup> partie) : « Ne recevoir aucune chose pour vraie qu'on ne la reconnaisse évidemment être telle ; éviter soigneusement la précipitation et la prévention : ne comprendre rien de plus en ses jugements que ce qui se présente si clairement et si distinctement que l'on n'ait aucune occasion de le mettre en doute. »

Votre étude alors sera sérieuse et utile, et vous conduira au but que vous vous proposez d'atteindre, c'est-à-dire la connaissance de la vérité.

Vous me priez de vous dire tout ce que je pense du système positiviste, qui semble avoir vos sympathies. Je le ferai avec l'indépendance de caractère et la franchise de langage, que vous voulez bien me reconnaître. C'est un défaut que le temps n'a pas corrigé et ne corrigera pas. En effet, j'ai toujours pensé que c'était manquer à sa propre dignité, et blesser celle d'autrui, que de ne pas affirmer ce qu'on croit être vrai, et de laisser chercher sa pensée, en la cachant sous des phrases embarrassées et équivoques. Vous voilà donc prévenu.

J'étudierai avec vous, sans passion, la théorie du positivisme; et j'espère, par un examen attentif, impartial et méthodique, dégager à vos yeux la vérité de toutes les obscurités, qui naissent de l'abstraction des formules et de l'absence des principes *à priori*.

## II<sup>e</sup>

THÉORIE DU SPIRITUALISME ET DU MATÉRIALISME.

*15 décembre 1894.*

Aujourd'hui, mon cher ami, je vais essayer d'établir que les mœurs d'un peuple dépendent des solutions données aux problèmes psychiques; que ces solutions varient, suivant les écoles; que ces écoles, si nombreuses qu'elles soient, peuvent se ramener à deux principales : l'école spiritualiste et l'école matérialiste.

Ce sera une revision rapide de ce que vous avez appris autrefois, revision qui vous permettra, lorsque plus tard j'aurai exposé sommairement la doctrine positiviste, signalé ses lacunes, critiqué sa méthode, de conclure comme j'aurais pu le faire moi-même.

Ce serait mal connaître un peuple que d'en étudier seulement les manifestations dans sa vie politique, militaire, artistique, littéraire, etc., etc., sans tenir compte de ses aspirations et de son développement, au point de vue moral.

Cette dernière étude seule peut expliquer l'influence qu'il a exercée sur les autres peuples et faire pressentir l'ascendant qu'il pourra prendre sur les nations rivales, et le rôle plus ou moins brillant, plus ou moins effacé qui lui est réservé dans l'avenir. Cette étude se fait en observant attentivement les signes extérieurs de l'activité humaine dans la vie sociale; car ces signes (pour me servir d'une expression empruntée au langage scientifique) sont des totaux partiels, qui, réunis, représentent la situation morale. Cette situation connue, on ne doit pas se borner à la constater, il faut en chercher les causes. On les a trouvées, me dira-t-on, dans l'éducation, dans l'influence du milieu, dans l'esprit d'imitation, dans la contagion de l'exemple, etc., etc. Mais, ce ne sont là que des causes occasionnelles; la cause efficiente est ailleurs; elle est dans la solution donnée aux questions relatives à l'homme, à sa nature, à son origine et à sa destinée.

La démonstration est facile; je la ferai en quelques mots. A toutes les époques, chez tous les peuples, on voit apparaître des systèmes qui sont diamétralement opposés, et qui se succèdent à peu près dans le même ordre, depuis l'origine de la philosophie jusqu'à nos jours.

C'est ainsi que dans la période antesocratique, l'école italique lutte contre l'école ionienne, et que nous retrouvons plus tard le sensualisme et l'empirisme attaqués par l'idéalisme et le rationalisme. Comme vous le voyez, le spiritualisme et le matérialisme sont toujours en présence. Or, il est à remarquer que l'un ou l'autre de ces deux principes admis comme cause des manifestations de la vie sociale a partout et toujours engendré les mêmes effets.

Qu'est-ce donc que le spiritualisme?

C'est la croyance que l'homme est autre chose qu'une combinaison chimique. Il est le signe de la dignité de l'homme, le sceau de sa royauté et la condition même de son perfectionnement moral. Le spiritualisme distingue deux substances, qui, selon Bossuet, font de l'homme un tout naturel. L'homme est une unité formée de deux principes, l'un immatériel : l'âme; l'autre matériel : le corps. Tous les deux sont mystérieusement unis.

Intelligent et libre, mais fini et imparfait, l'homme tend à l'infini et aspire à la perfection. Il lutte sans cesse contre tous les obstacles qui s'opposent à ces fins. S'il tombe dans la lutte, il se relève ; s'il faiblit, il puise de nouvelles forces dans la contemplation de l'idéal qu'il conçoit, pour lutter encore, pour lutter toujours. Mais en travaillant ainsi à son perfectionnement moral, il concourt aussi à l'harmonie du milieu, où il se trouve; car cette noble tâche suppose l'accomplissement de toutes les prescriptions de la morale. Au-dessus de l'homme, apparaît dans toute sa majesté, dans toute sa puissance, un Être sans nom, sans commencement et sans fin. L'univers et ses lois sont la réalisation de sa conception divine ; le monde est son ouvrage.

Il est facile de retrouver les signes extérieurs de l'activité humaine, soumise à ce principe, dans la vie sociale.

La famille grandit dans une atmosphère de sentiments nobles et élevés, que fécondent l'amitié et le dévouement. La société est la collectivité de toutes les volontés tendant au même but : la réalisation du bien et de l'ordre. Sublime dans ses aspirations, unie dans ses efforts, elle se montre à nous comme un tout harmonieux. Le gouvernement est une puissance publique, soucieux de la dignité du pays qu'il représente et des intérêts privés, respectant les libertés natives de chacun, et assurant à tous les citoyens l'exercice de leurs droits, en les aidant à accomplir leur destinée.

Qu'est-ce que le matérialisme?

C'est la croyance que tout est substance étendue, résistante, colorée, froide ou chaude, que tout est matière, que tout est force, force aveugle et fatale. Cette croyance est un acte d'abdication, un arrêt de déchéance et la condition même de l'abaissement moral.

Le matérialisme regardant la pensée comme un mouvement du cerveau, une vibration des nerfs, faisant tout dépendre des organes, nie la liberté humaine. Que deviennent alors la responsabilité morale, le devoir, le mérite et le démérite? L'homme n'est plus qu'un agrégat de molécules ou de forces qui sont des propriétés de la matière. L'âme est une hypothèse. Au-dessus de l'homme, rien. Le monde, tel qu'il se montre à nos yeux, est le résultat de l'équilibre de toutes les forces.

Les signes extérieurs de l'activité humaine soumise à ce principe se reconnaissent facilement dans la vie sociale.

Le matérialisme, ayant pour règle l'intérêt personnel

et la satisfaction des plaisirs, engendre la confusion et le désordre. D'un côté, en effet, les intérêts variant d'individu à individu, et souvent opposés, font naître de mesquines rivalités, de basses jalousies, de grandes haines et d'éternelles inimitiés. De l'autre, le plaisir, cette divinité sans pudeur, réclamant un culte exclusif, avilissant les caractères, légitimant les bassesses du cœur, exigeant jusqu'au sacrifice de la dignité et de l'honneur, ouvre la porte à toutes les passions, à tous les excès, à toutes les corruptions. La société n'étant plus que l'isolement de toutes les volontés que dirigent l'intérêt et les passions, le fatal jouet des ambitions et des instincts, qui se heurtent sans cesse, nous offre le triste spectacle du chaos. La famille s'étiole dans une atmosphère de sentiments bas et malsains, que développent l'indifférence, les soupçons, la défiance et l'égoïsme. Le gouvernement n'est plus que la force érigée en droit, le despotisme.

L'instabilité des institutions n'a de limite, et l'anarchie de remède que dans le despotisme. Autrement la guerre de tous contre tous amènerait la dissolution de la société. (Hobbes.)

Conclusion. La morale publique s'épure au souffle vivifiant du spiritualisme et se corrompt sous l'action dissolvante des théories matérialistes.

## IIIᵉ

### EXPOSÉ SOMMAIRE DU SYSTÈME POSITIVISTE

1ᵉʳ Janvier 1895.

La science est un catalogue de lois, ayant pour préface l'analyse des faits. Tel est le principe du positivisme, qui n'est qu'une forme du matérialisme.

La recherche des causes doit être laissée à la métaphysique, science vaine et stérile, qui n'a jamais pu donner une solution aux questions qu'elle agite : Dieu, l'âme, l'essence, la substance, la fin ou destinée des êtres. Le positivisme doit s'occuper des faits, qu'il peut observer et établir les lois, qui régissent ces faits.

La méthode doit donc être purement expérimentale. L'expérience seule peut guider l'intrépide pionnier du progrès, dans la voie des découvertes. L'expérience est l'unique critérium de la vérité. Toute notion *a priori* est une hypothèse, que doit rejeter le savant.

Le positivisme demande la preuve de ce qu'il affirme si hautement à l'histoire de l'humanité, qu'il divise en trois grandes époques : l'époque théologique, l'époque métaphysique et l'époque scientifique. Dans la première, on voit apparaître les religions avec leurs mythes, leurs légendes ou leurs mystères, qui cherchent à expliquer l'origine des choses et à satisfaire la curiosité des peuples naïfs. Vient ensuite la métaphysique, qui essaya de démontrer, en s'appuyant sur les données de la raison, les causes premières. Enfin la science ouvre à l'homme une ère nouvelle, où la vérité sur toutes choses brille d'un vif et resplendissant éclat, en montrant l'inanité de toutes ces conceptions vagues et hypothétiques, qui ont donné naissance à tant de systèmes tombés aujourd'hui en discrédit.

Le positivisme ramène toutes les connaissances humaines à six principales : les mathématiques, l'astronomie, la physique, la chimie, la biologie et la sociologie.

Les mathématiques étudient les quantités abstraites.

L'astronomie prend les corps célestes et leurs mouvements pour objet de ses recherches. Elle est subdivisée en astronomie mathématique, qui s'occupe particulièrement du calcul des forces, auxquelles les astres obéissent, et en astronomie physique, qui étudie surtout les conditions physiques des astres.

La notion des corps, des forces, qui agissent sur eux, et des phénomènes, qui en résultent, sert de base à la physique.

La chimie enregistre les lois de la composition des corps cristallisables ou volatils, naturels ou artificiels, et les lois des phénomènes de combinaison ou de décomposition résultant de leur action moléculaire les uns sur les autres.

La biologie a pour objet les êtres organisés. Son but

est d'arriver, par la connaissance des lois de l'organisation, à connaître les lois des actes, que les êtres manifestent.

La sociologie traite des développements et de la constitution des sociétés humaines.

De toutes ces sciences, les mathématiques, l'astronomie, la physique et la chimie, dit le positiviste, sont les seules à avoir été étudiées, d'après une méthode, qui a puissamment aidé à leur développement. Si nous ne constatons pas les mêmes progrès en biologie et en sociologie, c'est qu'on a négligé d'appliquer à ces sciences la même méthode ; la méthode expérimentale.

## IVe

### EXAMEN DES PRINCIPALES DIVISIONS DU SYSTÈME POSITIVISTE

15 Février 1895.

Après avoir exposé sommairement les principales divisions du système positiviste, il nous reste à montrer que les bases, sur lesquelles elles reposent, ne sont pas solides.

*Cosmologie.* — Le monde est l'assemblage harmonique de tous les éléments, qui le constituent. Des lois immuables, éternelles régissent chacun des corps inorganiques, qui le composent, et des êtres organisés, qui vivent à sa surface. Ces lois sont la seule cause de l'ordre et de l'harmonie, qu'on admire dans tout l'univers. Qu'est-il besoin, pour expliquer le cours régulier des astres, le retour périodique des saisons, les moyens partout appropriés aux fins, la conformation des animaux aux zones, sous lesquelles ils vivent, d'avoir recours à une cause intelligente ? On parle encore de création. Mais la création est un mythe. La création n'est pas autre chose que la matière dans ses diverses métamorphoses. Rien ne naît ; rien ne meurt. Tout se change ; tout se transforme. (Hypothèse de l'évolution.)

Ainsi, d'après les positivistes, c'est l'énergie des éléments, les forces de la matière (affinité, répulsion), qui, dans leur rencontre fatale et accidentelle, ont donné naissance à de nombreuses formes, qui se limitent mutuellement et s'adaptent les unes aux autres par une action réciproque. De plus, par suite des deux principes de la sélection naturelle et de la concurrence vitale, ces formes-là sont restées, qui étaient le mieux adaptées à leur milieu.

Nous répondrons : ces principes sont d'abord discutables ; mais, même en les acceptant, on peut dire :

1° Qu'une évolution progressive ne peut pas se comprendre sans un but poursuivi, sans une direction donnée par une intelligence supérieure ;

2° Que les principes de sélection naturelle et de concurrence vitale n'ayant pas été faits par les animaux eux-mêmes, qui n'en avaient pas conscience, ont dû être établis par une intelligence supérieure, dans la poursuite d'un but ;

3° Que l'on ne peut invoquer le hasard pour la création de ces diverses formes et leur adaptation à leur milieu, car le calcul des probabilités montrerait clairement qu'un tel fait est moralement impossible.

Enfin, nous ajouterons que les lois ne sont que les manières constantes et régulières d'agir de la cause. La cause est donc toujours à connaître.

Nous ne dirons rien des mathématiques, de l'astronomie, de la physique et de la chimie, qui sont les parties les moins originales du système. L'objet et le but de ces sciences n'ayant pas changé, la réforme ne pouvait porter que sur la méthode. Le positivisme rejette, en effet, la méthode rationnelle pour les sciences exactes.

Nous apprécierons plus loin la valeur de cette réforme, quand nous parlerons de la méthode du positivisme.

*Biologie.* — La matière, conformément à des lois, qui lui sont propres, combine ses éléments, ses forces, et s'organise de manière à donner naissance à ce qu'on appelle la vie. Ainsi, la matière se suffisant à elle-même, il est inutile de faire intervenir un autre principe vital. Tout être, simple modification de la matière, a sa forme, son activité, son mouvement, son organisme, qu'il tient d'atomes doués des mêmes propriétés, produisant sans cesse, dans des circonstances faciles à déterminer, et à un moment, que tout observateur attentif peut fixer à l'avance. La supériorité de l'homme sur les autres êtres animés tient à une structure plus délicate et plus complète de l'organisme. La pensée est une sécrétion du cerveau. Sans le cerveau, il n'y a ni pensées, ni actes intellectuels : l'anatomie et la physiologie le démontrent. L'âme n'est qu'une abstraction réalisée. Conséquemment, la psychologie, qui, comme l'indique son nom, étudie l'âme, ses différents états, ses différentes opérations, ses facultés, sa nature, n'a plus sa raison d'être. Le libre arbitre est un mot, qui n'a pas de sens ; car l'homme agit toujours et n'agit que sous l'influence des motifs, des passions, des habitudes, du tempérament et des circonstances extérieures.

Puisque l'anatomie et la physiologie sont les bases

de la biologie, nous nous bornerons à demander aux savants positivistes s'ils ont réussi à expliquer les phénomènes de la pensée, les faits intellectuels et volontaires. Ils déclarent que telle partie du cerveau est affectée à la mémoire, que telle autre est affectée au raisonnement, etc., etc... Nous voulons bien les croire. Mais nous désirons surtout savoir ce qu'est la mémoire, ce qu'est le raisonnement. Que leur a répondu le cerveau, qu'ils ont patiemment interrogé? Ils ne le disent pas.

Si l'homme n'est pas libre, que devient la théorie des devoirs de l'homme faisant partie de la société humaine, de la société domestique, de la société civile et politique? Puisque seul l'être libre a des devoirs à remplir, le devoir n'est qu'un vain mot pour les partisans du positivisme.

*Logique.* — La logique s'appuie sur ce vieil adage : *Nihil est in intellectu, quod non prius fuerit in sensu,* que les scolastiques prétendaient avoir été formulé par Aristote, et, qui, selon toute vraisemblance, fut l'axiome de Zénon, le stoïcien.

La logique, dirons-nous aux positivistes, nous donne des règles, pour discerner la vérité, dont le principal caractère est l'immutabilité. Mais, si l'intelligence de l'homme n'est qu'une modification du cerveau, elle devra subir toutes ces modifications, qui changent suivant l'âge, la race, le climat, le tempérament, etc...; alors la vérité perdra nécessairement son caractère d'immutabilité.

*Morale.* — La morale distingue dans l'homme deux sortes de penchants : les penchants égoïstes et les penchants altruistes. Les premiers servent à la conservation de l'individu ; les seconds à l'entretien de l'espèce. Ces derniers doivent être développés par l'éducation ; car ils portent en eux les germes de toutes les vertus sociales, ce dépôt sacré, que chaque génération enrichit, avant de le léguer à une autre génération, jusqu'à ce que la civilisation apporte la paix inaltérable et le bonheur idéal à toutes les sociétés représentées par un être collectif plus grand que la patrie, et qu'on nomme humanité.

Puisque tous les actes de l'homme sont soumis à des lois fatales, qui les régissent, l'homme peut-il être coupable ? S'il n'est pas coupable, peut-il être puni ? S'il n'est pas puni, à quoi servent ces grandes institutions, qui sont et demeureront l'éternel honneur de tout pays civilisé ? Que deviennent aussi ces idées de mérite et de démérite ? Si ces idées doivent être rayées du nouveau code moral, quelle sera l'idée qui les remplacera ?

*Droit et Législation.* — Le droit et la législation doivent avant tout assurer aux hommes vivant en société la satisfaction de leurs besoins matériels et moraux.

On entend généralement par droit civil l'ensemble des droits réglés, établis ou conférés par les lois positives. Il est alors opposé au droit non écrit, que Dieu a gravé dans la conscience de tous les hommes. Mais si l'homme n'est pas libre, il ne peut pas avoir de droits ; car le droit relève de la liberté. Si l'homme n'a pas de droits à exercer, à quoi servira la loi civile établie pour assurer à chacun le libre exercice de ses droits ?

*Education.* — L'éducation conforme à ces principes doit être appropriée aux besoins sans cesse changeants de l'époque, où nous vivons.

La supériorité de l'homme tient à une structure plus délicate et plus complète de l'organisme, disent les positivistes. Alors l'éducation de l'homme doit ressembler beaucoup à celle de l'animal. On doit s'appliquer surtout à développer les tendances instinctives, en étudiant, avec soin et d'une manière presque exclusive, les moyens de les satisfaire. Cette éducation ne peut pas faire de l'homme un être moral.

*Histoire.* — Le positivisme introduit le fatalisme en histoire. Par lui est supprimée la liberté des individus, qui ne sont plus que les instruments de causes particulières ou générales, et qui n'ont plus, par cela même, la responsabilité de leurs actes.

Que deviennent alors les enseignements si salutaires de l'histoire ? Puisque l'homme n'agit pas librement, pourquoi admirerions-nous les prodiges de valeur et les actions d'éclat de tous ces héros, qui laissent derrière eux un rayon lumineux de gloire ? Pourquoi blâmerions-nous les fautes et les crimes, qui souillent les vies les plus illustres ?

*Art.* — L'art est la reproduction servile de tout ce qui est perçu par les sens. Il a pris pour devise cette maxime des stoïciens détournée de son vrai sens : *sequi naturam*. L'idéal rêvé par l'artiste, c'est d'atteindre à ce degré de ressemblance, qui ne permet plus de distinguer la copie du modèle.

Ce n'est pas l'idéal, tel que nous le concevons. Pour nous, l'idéal doit conduire au beau absolu. C'est cet idéal fourni par la raison, que l'imagination veut réaliser dans les arts, en dégageant la réalité de tout ce qu'il y a en elle de défectueux et d'imparfait. Sans cet idéal, l'artiste ne peut rien créer. Nous entendons par là qu'il ne sait point, des différents éléments, que lui présente la réalité, produire un tout, qui ne corresponde à nul objet existant réellement.

*La religion.* — La religion est une superstition fondée sur la crainte et l'ignorance. Les peuples effrayés par les phénomènes inexpliqués de la nature, et vivant dans les ténèbres, où l'ignorance les avait plongés ont inventé, un jour, la religion et les dieux. Mais le positivisme qui n'est que l'étude réfléchie de la nature a dissipé ces ténèbres.

Remarquons, en passant, que la formule n'est pas nouvelle.

Lucrèce avait déjà dit :

*Hunc igitur terrorem animi tenebrasque necesse est*
*Non radii solis neque lucida tela diei*
*Discutiant, sed Naturæ species ratioque.*

Cependant le positivisme ne voulant pas trop heurter de front le sentiment religieux toujours si vivace, quoi qu'il affirme, a consenti à lui donner une certaine satisfaction et propose le *culte de l'humanité et celui des grands hommes.*

## Vᵉ

### LA CONCLUSION TIRÉE DU PRINCIPE SUR LEQUEL REPOSE LE POSITIVISME EST FAUSSE

*1ᵉʳ mars 1895.*

Tout est matière, disent les positivistes. L'homme est un agrégat d'atomes, dont les divers éléments sont disposés, arrangés et combinés, d'après les lois, qui régissent la matière.

Mais, il faut distinguer la matière inorganique et la matière organisée. Aux corps inorganiques correspondent les affinités chimiques; aux corps organisés, le mouvement et la vie. Celle-ci n'est donc pas une entité immatérielle, mais un échange constant entre le monde extérieur et l'organisme.

Telles sont les affirmations de l'Ecole positiviste. De plus, s'appuyant sur des faits, qui restent à prouver, après une analyse tout à fait incomplète, elle affirme qu'il n'y a entre les corps organisés et les corps inorganiques qu'une différence de degré dans la complexité, et définit ainsi la vie : à chaque degré supérieur de complexité dans la matière, correspond un degré supérieur de complexité dans la force, qui en est le produit.

Que faut-il croire de ces diverses affirmations ?

Examinons cette prétendue similitude des corps organisés et inorganiques et les faits sur lesquels elle se fonde. Nous remarquerons d'abord un caractère essentiel, qui distingue tout à fait la matière vivante de la matière brute. C'est celui que Cuvier a indiqué par ces mots : « Tout être organisé forme un ensemble, un système clos, dont toutes les parties se correspondent mutuellement et concourent à la même action définitive par une action réciproque ». C'est la loi des corrélations organiques. A cela on a répondu que la matière brute présente quelquefois un arrangement harmonieux des parties dans la cristallisation. Nous ajouterons que nous ne connaissons pas la fin de cet arrangement géométrique, mais qu'il est impossible de le confondre avec cette subordination si parfaite de toutes les parties du corps vers un même but.

Un autre caractère divise encore plus profondément ces deux règnes. Les animaux seuls sont capables d'engendrer des êtres entièrement semblables à eux-mêmes. De plus, l'être vivant s'accroît intérieurement. Il existe en lui ce qu'on appelle le tourbillon vital.

Dans les profondeurs les plus cachées des êtres vivants, règnent deux courants contraires : l'un enlevant sans cesse molécule à molécule quelque chose de l'organisme, l'autre réparant, au fur et à mesure, des brèches qui trop souvent entraîneraient la mort.

Rien de pareil dans les corps inorganiques, rien de semblable non plus à la mort qui détruit les corps organisés, au bout d'un laps de temps presque toujours le même.

On ne peut donc pas confondre ces deux règnes de la nature. La distinction entre la matière brute et la matière vivante étant établie, nous pouvons tirer cette conclusion : qu'il y a un principe immatériel gouvernant le phénomène de la vie. Quelques physiologistes, tout en reconnaissant la distinction, qui existe entre les deux règnes, se refusent à admettre l'existence d'un principe immatériel, dirigeant les fonctions de la vie. Ce sont les partisans de l'organicisme.

Sur cette question, les positivistes sont-ils organicistes ? Ils ne le disent pas. Si oui, nous allons essayer de démontrer ici que ce système n'explique rien.

Suivant les organicistes, les tissus organisés auraient certaines facultés nommées vitales, comme l'irritabilité, différentes des forces physiques et chimiques. Mais, il est facile de voir que cette théorie ne peut pas se défendre.

On peut en effet faire deux suppositions : ou bien, c'est parce que la matière est compliquée et arrangée de telle façon qu'elle possède ces forces, et alors nous retombons dans le matérialisme pur et simple ; ou bien, la propriété vitale n'est qu'un mot, qui exprime peut-être ce que nous connaissons très bien, mais dont nous ignorons la cause, semblable au mot *attraction* de Newton.

Ce système ne nous fait point avancer d'un pas.

Sans vouloir se mêler à la lutte ardente, engagée

entre les vitalistes et les animistes, pour jeter un peu de lumière sur cette grande question restée dans l'ombre : l'union de l'âme et du corps, le spiritualiste affirme que l'homme est composé d'une âme et d'un corps, dont l'union forme un tout véritablement organique. Les fonctions de l'intelligence et de la volonté sont connues par la conscience ; c'est l'âme qui les produit. Les fonctions corporelles (digestion, nutrition, circulation du sang, etc.) ne tombent pas sous la conscience. La cause qui les produit est-elle unique ou multiple ? L'âme, qui produit les fonctions intellectuelles et morales, produirait-elle les fonctions corporelles à l'état inconscient ? Ou bien, ces mêmes fonctions corporelles auraient-elles un principe distinct de l'âme ? Ou bien, ce principe serait-il étroitement uni à l'âme ? Le philosophe spiritualiste pense que le problème de la vie n'est pas suffisamment étudié, pour qu'il soit permis de se prononcer avec certitude sur cette question. Il se borne à reconnaitre dans les faits organiques et moraux deux sortes de faits distincts, mais agissant les uns sur les autres dans des rapports continuels. Il veut échapper au reproche, qu'on a fait à d'autres systèmes, au positivisme peut-être, de confondre l'opinion avec la science.

Il y a donc dans l'homme autre chose qu'un principe matériel, qui seul ne peut pas régir les fonctions de la vie.

C'est ce que les positivistes ne veulent pas reconnaître. Cette négation toute gratuite du principe immatériel est la source des erreurs, que nous relevons dans leur système.

## VIe

LACUNES QUE NOUS TROUVONS DANS LE SYSTÈME POSITIVISTE

15 avril 1895.

Dans cette lettre, mon jeune ami, je m'attacherai surtout à montrer que le positivisme, rejetant les notions de *cause*, de *fin*, de *substance*, etc., etc., c'est-à-dire toutes ces conceptions connues sous le nom de *Principes*, ne peut pas nous donner la solution des grands problèmes, qui nous occupent, mais égare les esprits, quand il remplace ces principes par des faits *antécédents*, *concomitants* et *subséquents*, et n'obtient que des résultats inexacts et inintelligibles.

« Dans l'état positif, dit A. Comte, l'esprit humain reconnaissant l'impossibilité d'obtenir des notions absolues renonce à chercher l'origine et la destination de l'univers, et à connaître les causes intimes des phénomènes, pour s'attacher uniquement à découvrir, par l'usage bien combiné du raisonnement et de l'observation, leurs lois effectives, c'est-à-dire leurs relations invariables de succession et de similitude. »

Ainsi, sous ce prétexte qu'il est impossible de découvrir les causes des phénomènes, le chef du positivisme en interdit la recherche. Mais, ne voit-on pas que cette interdiction condamne l'homme à se mouvoir dans un cercle, qu'il ne saurait franchir ; qu'elle assigne une limite à ses investigations ; qu'elle nie implicitement cette grande loi du progrès inscrite en tête du programme de la nouvelle École ; et, pour tout dire, qu'elle est en opposition directe avec les tendances de la vie humaine.

Il est vrai qu'on essaie de donner satisfaction à ces tendances, en affirmant dans des termes pompeux, qui font croire à la profondeur de la pensée, que les causes d'un phénomène ne sont que l'ensemble de ses conditions.

« La cause réelle, dit Stuart Mill, est la série des conditions, l'ensemble des antécédents, sans lesquels l'effet ne serait pas arrivé. Il n'y a pas de fondement scientifique à la distinction que l'on fait entre les conditions et la cause d'un phénomène. »

Voyons, par un exemple, si l'on peut admettre cette assertion. Prenons la sensation du son. Une cloche s'ébranle à une certaine distance de mon oreille. Quelles sont les conditions du phénomène ? D'abord, il faut un milieu favorable, qui, par ses ondulations, puisse porter les vibrations jusqu'à l'oreille, puis une oreille bien constituée, un nerf auditif sans blessure, enfin un flux de sang baignant les centres nerveux. Si une seule de ces conditions manque, comme la présence d'un milieu favorable (la cloche étant dans le vide), la sensation n'aura pas lieu ; et il en est de même pour toutes les autres. Si une de ces conditions varie (supposons que l'homme qui reçoit la sensation soit hyperesthésié, ait le nerf auditif très excitable), la sensation sera plus forte et variera d'intensité. Si maintenant on veut formuler la loi, on dira : une sensation de son est l'effet des mouvements vibratoires, dans un milieu favorable, transmis à la conscience par un organe sain.

Cet exemple nous montrera les conditions du phénomène, dont la loi n'est que le résumé. Mais pouvons-nous prendre cet ensemble de conditions pour une cause ? Je le demande à tout esprit sérieux. Et lors même qu'on séparerait par une analyse abstraite la plus importante de ces conditions, comme la présence d'un corps sonore, serait-ce là une cause ? Ne jouons pas sur les mots. La loi ne peut être que le rapport constant et invariable entre les phénomènes ou entre les diverses phases d'un même phénomène, tandis que la cause est une force qui agit et qui produit.

On distingue aussi avec une subtilité, qui peut séduire les disciples de la nouvelle École, les conditions d'un phénomène, des raisons de ce phénomène.

Les conditions, qui déterminent le phénomène, disent les positivistes, le précèdent généralement. Il arrive souvent que leur uniformité de coexistence ait été remarquée, sans que, pour cela, on ait pu établir un lien causal entre ces deux termes, qui semblent d'abord sans rapport l'un avec l'autre. Plus tard on trouve un intermédiaire, qui permet de les relier ensemble. C'est la raison du phénomène. C'est ainsi qu'on avait d'abord remarqué que tous les corps tendaient à tomber vers le centre de la terre. C'était un simple fait, qui pouvait avoir sa formule scientifique. Plus tard on observa, après Copernic et Képler, que la terre et les autres planètes tendaient à tomber vers le soleil. Newton trouva la raison de ces deux phénomènes, et les unit en un seul. Après avoir éliminé tous les caractères particuliers, il déclara que chaque corps est une masse, et en déduisit la loi de la gravitation, qui explique les deux phénomènes. Si l'on se demande encore pourquoi toutes les masses gravitent les unes autour des autres, on pourrait chercher à y répondre, en expliquant ce phénomène par une poussée de l'éther augmentant en vertu de sa distance. De même, quand on lance un boulet, et qu'il décrit une courbe, on comprendra bien que le mouvement du boulet est la condition de cette courbe, mais il faudra l'expliquer par le fait que c'est une masse assujettie aux lois de l'accélération et de la pesanteur, qui doivent rendre compte de sa trajectoire.

Mais cette raison du phénomène montre seulement pourquoi deux faits sont liés entre eux ; elle ajoute, si l'on veut, quelque chose à la notion de condition ; elle n'est qu'un degré de plus dans l'abstraction.

La raison consiste donc toujours dans un fait plus général que le fait proposé ; elle est toujours extraite de l'exemple donné ; elle ramène toujours la loi empirique à une loi générale.

D'après ces différents caractères de la raison des phénomènes, il est évident que chaque raison étant elle-même un phénomène réclame aussi une explication. La question est donc toujours la même : quelle est la cause du phénomène ?

On a encore essayé de ramener la cause à la succession. On a beau nous dire que les idées s'attachent par ressemblance ou contiguïté ; qu'il en résulte que nous ne pouvons les concevoir qu'ensemble ; que l'une éveille nécessairement l'autre, et que les phénomènes, qu'elles représentent, finissent par nous paraître inséparables dans la réalité ; que notre croyance à leur coexistence, bien qu'elle soit un produit de l'expérience, nous semble intuitive, on ne pourra jamais nous convaincre que la succession suffise pour expliquer l'idée de cause. La nuit et le jour se succèdent ; cependant nous n'avons jamais conçu l'une comme cause de l'autre.

*Conclusion.* — Le principe de causalité, dont la formule est : *Tout phénomène a une cause*, est rejeté par le positivisme.

Le principe de substance, qui peut s'énoncer ainsi : *Nulle qualité n'existe sans substance*, est également rejeté par les positivistes.

Nous avons constamment vu, disent-ils, une qualité unie à une substance. Ces deux idées successives toujours liées dans toutes nos expériences sont devenues inséparables, et nous ont fait un principe nécessaire, étendu ensuite, par analogie, à toute la nature.

Telle ne peut être l'origine du principe de substance ; et il est facile de voir qu'il y a dans cet argument une pétition de principe. En effet, les positivistes prétendent qu'ils ont toujours conçu les qualités et les substances, comme intimement liées ; mais ne fallait-il pas avoir déjà connaissance de cette substance, support des qualités? Le principe de substance ne vient donc pas des sens, mais bien de la conscience réfléchie. Quand nous examinons les différentes opérations intellectuelles, telles que la mémoire et la comparaison, nous remarquons que, au milieu même du changement de nos perceptions, de nos sensations, notre *moi*, le sujet pensant, reste identique (et c'est là du reste une condition absolument nécessaire de ces deux opérations : la mémoire et la comparaison). Mais ce *moi* identique, alors que ses impressions et ses sensations changent, n'offre-t-il pas le type de la substance et des qualités, dont il est en quelque sorte le support? C'est donc dans la conscience que nous puisons le principe de substance, que nous étendons ensuite au monde entier. Toutefois la conscience seule ne peut pas faire de cette observation un principe *a priori*, il faut encore la raison, qui possède la faculté de produire ce principe, à propos de l'observation de la conscience.

Mais, dira-t-on, le principe de substance appliqué à notre monde présente une difficulté. Supprimez les différentes sensations, telles que la couleur, l'odeur, etc., la substance n'est plus qu'une entité.

Il n'en est rien. Les différentes sensations subjectives étant éliminées, il resterait comme substance, ce qui constitue l'essence de la matière, que les positivistes désignent sous le nom de force physique, chimique, biologique, qu'ils regardent encore comme l'unité de force active unie à l'unité de matière : l'atome.

Le principe de fin : *Tout phénomène suppose un but, une fin*, n'est, pour les positivistes, qu'une loi générale de la nature tendant à être confirmée de plus en plus. Tous les phénomènes ne présentent pas de but, disent-ils. Un phénomène, dans son ensemble, peut fournir une fin, sans en fournir pour chacun des détails, qui le composent. Ainsi, le spectateur, qui contemple les ruines faites par une éruption volcanique et les traces, qu'elle a laissées, pourra-t-il, en constatant que le ruisseau de lave a coulé dans telle direction, que les pierres ont été lancées dans telle autre, assigner une fin à ces différentes phases du phénomène? Non. Il pourra tout au plus en donner une au phénomène total : l'expulsion du gaz intérieur, qui, sous l'influence de la chaleur centrale, a fait éclater l'écorce terrestre.

C'est là un demi-aveu. La science positiviste semble admettre une fin au phénomène total et la nie pour les détails du phénomène, parce qu'elle a échappé à ses patientes recherches. Elle conclut du tout autrement que des parties. Étrange logique !

Restent les principes de temps et d'espace. Le temps, suivant les positivistes, n'est autre chose que l'idée, qui résulte d'une succession. Mais, comme un principe nécessaire est de plus regardé comme antérieur à toute expérience, il faut montrer qu'il existe des phénomènes, qui n'entrainent pas l'idée de temps. C'est ce qu'on n'a pas fait. Stuart Mill a reconnu que l'idée de temps se confondait avec tous les phénomènes. H. Spencer cherche à prouver que nous voyons bien toujours une succession concrète de phénomènes, mais que ce n'est qu'au bout d'un certain nombre d'expériences que nous concevons la notion abstraite de positions relatives les unes aux autres, qui constitue l'idée de temps.

Cette dernière affirmation est discutable. De plus, ce n'est là qu'une distinction de mots; et une simple succession ne peut se concevoir sans la notion de temps.

Donc celle-ci est contemporaine de tout phénomène.

Il en serait de même pour l'espace qui, suivant Bain et Spencer, ne serait qu'une succession, mais telle que, si on retournait pour revenir au point de départ, les impressions reçues la seconde fois seraient identiquement les mêmes que la première.

A cela on peut répondre que le temps et l'espace sont trop différents pour avoir la même origine, c'est-à-dire la succession.

Ainsi le positivisme rejette toutes les notions *a priori*.

Or, il n'y a pas de science sans ces notions. *Nulla fluxorum scientia,* disaient les scolastiques. L'expérience, en effet, ne peut que constater des faits, et, pour que ces faits puissent être rattachés à des lois, il faut bien admettre *a priori* certains principes, qui ne dépendent pas du témoignage des sens.

« Les sens, quoique nécessaires pour toutes nos connaissances, ne sont point suffisants pour nous les donner toutes, puisque les sens ne donnent jamais que des exemples, c'est-à-dire des vérités particulières ou individuelles. Or, tous les exemples, qui confirment une vérité générale, de quelque manière qu'ils soient, ne suffisent pas pour établir la nécessité universelle de cette même vérité; car on ne peut pas affirmer que ce qui est arrivera toujours de même.

« D'où il paraît que les vérités nécessaires, telles qu'on les trouve dans les mathématiques pures et particulièrement dans l'arithmétique et dans la géométrie, doivent avoir des principes, dont la preuve ne dépend point des exemples, ni par conséquent du témoignage des sens, quoique, sans les sens, on ne se serait jamais avisé d'y penser.

« LEIBNITZ. »

## VII<sup>e</sup>

### MÉTHODE DÉFECTUEUSE DU POSITIVISME

1<sup>er</sup> mai 1895.

Le positivisme ne reconnaît qu'une seule méthode, la méthode expérimentale. C'est une conséquence du principe, qui sert de base au système. La méthode rationnelle est condamnée sans appel. On la chasse de son domaine, où elle régnait en souveraine (les sciences exactes). Et, avec un dédain qui étonne, on n'a pas même pris la peine d'en justifier la proscription arbitraire. Eh quoi ! cette méthode, qui fut celle d'Aristote, de Descartes, des logiciens de Port-Royal, de Leibnitz, etc., cette méthode qui est encore aujourd'hui celle d'illustres savants libres de toute attache de système, n'avait-elle pas droit à l'honneur d'une discussion sérieuse, sincère et loyale ? Pense-t-on qu'on doive se contenter des raisons plus spécieuses que solides, qu'on trouve dans Stuart Mill, le défenseur le plus autorisé du positivisme ?

Les axiomes, dit-il, ne sont qu'une classe, la plus universelle d'inductions de l'expérience, les généralisations les plus aisées ou les plus simples des faits fournis par les sens ou par la conscience. Quel est le fondement de notre croyance aux axiomes ? Je réponds, ajoute-t-il : ce sont les vérités expérimentales, les généralisations de l'observation, qui sont la base de cette croyance. La proposition : « Deux lignes droites ne peuvent enfermer un espace ; en d'autres termes, deux lignes droites, qui se sont rencontrées, ne se rencontrent plus et continuent de diverger, » est une induction résultant du témoignage des sens. Si l'esprit ne voit pas la réalité, il a la faculté de voir par l'imagination, si elles peuvent ou non se rapprocher. Il suffit de substituer à la réalité son image, telle que nous l'avons dans l'esprit, et elle est si exacte qu'elle équivaut à la réalité elle-même. On peut opérer sur elle précisément, comme nous serions scientifiquement autorisés à décrire, d'après son image daguerréotypée, un animal, que nous n'avons jamais vu, sachant, par expérience, que l'observation d'une image sensible équivaut complètement à l'observation de l'original. »

Ainsi, d'après Stuart Mill, les axiomes, ne sont qu'une classe d'inductions de l'expérience. On pourrait lui répondre ce que les logiciens de Port-Royal répondaient aux philosophes, qui soutenaient que toute certitude et toute évidence de propositions venaient médiatement ou immédiatement des sens.

« Il y a des gens qui pensent, disaient les savants et pieux solitaires, que cet axiome même, qui passe pour le plus clair et le plus évident que l'on puisse désirer : « Le tout est plus grand que sa partie », n'a trouvé de créance dans notre esprit, que parce que, dès notre enfance, nous avons observé en particulier, et que tout l'homme est plus grand que sa tête, et toute une maison qu'une chambre, et toute une forêt qu'un arbre, et tout le ciel qu'une étoile.

Mais cette imagination est fausse ; car, si nous n'étions assurés de cette vérité : « Le tout est plus grand que sa partie », que par les diverses observations, que nous avons faites depuis notre enfance, nous n'en serions que probablement assurés, puisque l'induction n'est un moyen certain de connaître une chose, que quand nous sommes assurés que l'induction est entière, n'y ayant rien de plus ordinaire que de découvrir la fausseté de ce que nous avions cru vrai, sur des inductions, qui nous paraissaient si générales, qu'on ne s'imaginait point pouvoir y trouver d'exception.

« Ainsi, il n'y a pas longtemps qu'on croyait indubitable que l'eau contenue dans un vaisseau courbé, dont un côté était plus large que l'autre, se tenait toujours au niveau, n'était pas plus haute dans le petit côté que dans le grand, parce qu'on s'en était assuré par une infinité d'observations, et néanmoins on a trouvé depuis peu, que cela était faux, quand l'un des deux côtés est extrêmement étroit, parce qu'alors l'eau s'y tient plus haute que dans l'autre côté. Tout cela fait voir que les seules inductions ne sauraient nous donner une certitude entière d'aucune vérité, à moins que nous ne fussions assurés qu'elles fussent générales, ce qui est impossible ; et par conséquent nous ne serions que probablement assurés de la vérité de cet axiome : « Le tout est plus grand que sa partie », si nous n'en étions assurés que pour avoir vu qu'un homme est plus grand que sa tête, une forêt qu'un arbre, une maison qu'une chambre, le ciel qu'une étoile, puisque nous avons toujours sujet de douter, s'il n'y aurait point quelque autre tout, auquel nous n'aurions pas pris garde, qui ne serait pas plus grand que sa partie.

« Ce n'est donc point de ces observations, que nous avons faites depuis notre enfance, que la certitude de cet axiome dépend ; puisqu'au contraire il n'y a rien de plus capable de nous entretenir dans l'erreur que de nous arrêter à ces préjugés de notre enfance ; mais elle dépend uniquement de ce que les idées claires et distinctes, que nous avons d'un tout et d'une partie, renferment clairement et que le tout est plus grand que la partie, et que la partie est plus petite que le tout ; et tout ce qu'ont pu faire les diverses observations que nous avons faites d'un homme plus grand que sa tête, d'une maison plus grande qu'une chambre, a été de nous servir d'occasion pour faire attention aux idées de tout et de partie ; mais il est absolument faux qu'elles soient cause de la certitude absolue et inébranlable, que nous avons de la vérité de cet axiome, comme je crois l'avoir démontré (1). »

Mais ici une question vient se poser d'elle-même : l'expérience peut-elle donner à ces axiomes les caractères d'universalité et de nécessité qui les distinguent ?

---

(1) *Logique de Port-Royal*, IV<sup>e</sup> partie.

Le philosophe positiviste éprouve bien quelque embarras à expliquer ces caractères qu'il reconnaît ; cependant il croit s'en tirer en disant qu'il est impossible à l'esprit humain de concevoir l'opposé de ces vérités. Mais cette impossibilité est-elle absolue ou relative, immanente à l'intelligence ou accidentelle ? A-t-elle pour cause l'obtusité de l'intelligence ou l'inaccessibilité de ces vérités ? Le savant se tait. Il se borne à développer sa pensée :

« Rien de plus universellement reconnu, dit-il, que la difficulté d'imaginer comme possible une chose, qui est en contradiction avec une expérience ancienne et familière, ou même avec de vieilles habitudes de notre pensée. Cette difficulté est un résultat nécessaire des lois fondamentales de l'esprit humain. »

Ce commentaire dépouillé de tous ses artifices de langage laisse voir des inexactitudes et des faiblesses regrettables.

Tout d'abord Stuart Mill confond l'imagination et la raison. Or, c'est la raison et non l'imagination qui peut saisir les rapports mathématiques des nombres. Enfin, il arrive à cette conclusion que c'est l'habitude qui nous empêche de concevoir l'opposé de ces vérités nécessaires. Est-il besoin de relever cette conclusion ? Nous ne le pensons pas. Il nous dit encore que cette nécessité invisible attachée aux vérités nécessaires s'explique par l'association indissoluble des idées, qui nous montre, à chaque instant de notre existence, ces vérités confirmées par les expériences.

Nous répondrons qu'il est difficile de ramener les différentes vérités nécessaires les unes aux autres, de plus que ces notions ont dû apparaître à leur origine, du moins, en germe, ce qui leur donne une origine absolue.

Ainsi, les sciences exactes ne sont que des sciences expérimentales plus abstraites et plus générales. Le procédé *a priori* doit en être banni. Telle est l'affirmation du positivisme sans preuves à l'appui.

Quant aux sciences expérimentales (sciences physiques et naturelles), on pourrait faire remarquer qu'elles se servent constamment de l'hypothèse. Or l'hypothèse n'est qu'une idée *a priori* qui devient le *stimulus* de l'expérience.

« L'hypothèse expérimentale, dit C. Bernard, n'est que l'idée scientifique contrôlée par l'expérience. Le raisonnement ne sert qu'à donner une forme à nos idées, de sorte que tout se ramène primitivement et finalement à une idée. C'est l'idée qui constitue le point de départ ou le *primum movens* de tout raisonnement scientifique, et c'est elle, qui en est également le but dans l'aspiration de l'esprit vers l'inconnu. »

Citons encore cette éloquente page de Prévost Paradol, qui, lui aussi, déclare que l'hypothèse est une idée intuitive *a priori :*

« Personne, dit-il, n'a vu ou touché l'attraction; et la cause de ce phénomène est un mystère aussi impénétrable, que tous ceux qu'on peut proposer à l'esprit de l'homme ; mais lorsque depuis la pierre qui roule sous nos pieds, depuis l'eau du ruisseau qui s'écoule, depuis le grain de sable qui glisse entre nos doigts, pour tomber sur la terre, jusqu'à ces parcours immenses des corps célestes, qui modifient à nos yeux la face du ciel, tout est expliqué par cette hypothèse que les corps s'attirent avec une force déterminée par leur masse et par leur distance; lorsqu'à l'aide de cette hypothèse la marche du monde visible devient lumineuse et simple, au point d'être comprise par un enfant, tandis que, sans elle, les mouvements grands ou petits de la matière n'offriraient aux regards du plus puissant génie qu'un inextricable chaos ; lorsqu'enfin cette hypothèse, après avoir inondé tout ce que nous voyons de sa vive lumière, permet à notre pensée de devancer nos yeux, d'annoncer le retour de certains astres à des époques fixes, bien plus, d'en découvrir d'autres, sans les voir, par le trouble qu'ils apportent dans la marche de leurs voisins, de prendre ce trouble même pour fondement de nos calculs, et de décrire la masse, le poids et la vitesse de ces hôtes encore invisibles des cieux, en attendant l'heure inévitable, où ils paraissent enfin, pour nous donner raison ; lorsque la preuve se fait ainsi tous les jours, lorsque la vérité jaillit ainsi de toutes parts, il est impossible que l'esprit humain ne convienne avec lui-même, non sans quelque fierté, qu'il a saisi et qu'il possède un des premiers ressorts et une des suprêmes lois de ce vaste univers.

« L'hypothèse expérimentale est donc, si je puis m'exprimer ainsi, cette lueur mystérieuse illuminant d'une subite clarté l'esprit du vaillant et infatigable chercheur, qui gravit péniblement les sommets toujours explorés et toujours inconnus de la science. C'est ainsi que l'hypothèse de l'attraction, que personne n'a vue ou touchée, comme on le disait plus haut, cette idée *intuitive a priori* a conduit Newton vers la découverte de cette grande loi expliquant d'une manière si simple et si lumineuse la marche des mondes dans l'espace. »

Or les positivistes, pour être d'accord avec leur principe, devraient rejeter l'hypothèse, qui n'est qu'une sorte de procédé *a priori*. Ils ne l'ont pas fait ; c'eût été nier en théorie ce qu'ils admettaient en pratique. Ils ont essayé seulement de démontrer que l'hypothèse était soumise aux lois de l'expérience.

Il nous reste un dernier point à examiner, qui, pour être éclairci, demande une explication nette et franche, débarrassée de toute ambiguïté. Nous nous adressons aux positivistes de bonne foi.

Il n'y a, dites-vous, qu'une seule méthode, la méthode expérimentale, qui consiste à observer les faits, à les étudier, à les analyser, à les comparer, à les classer et à établir la loi qui les régit. Soit. Mais la pensée, les sensations, les actes de la volonté ne sont-ils pas des faits aussi réels, aussi intéressants que la chaleur, l'électricité, etc., etc.?... Or, observerez-vous ces faits d'ordre différent de la même manière ? Ou bien, avez-vous deux méthodes d'observation ? Prenons pour exemple le fait d'ordre sensible : la structure du corps humain. Pour étudier ce fait, vous vous servez des sens, d'instruments qui en facilitent l'exercice (scalpel, etc.,) ou qui en augmentent la portée (loupe); si vous voulez étudier la pensée (fait de l'ordre intellectuel), userez-vous du même procédé ? Là est la question. On nous pardonnera d'insister d'une manière si pressante ; nous sommes curieux, trop curieux peut-être; mais notre curiosité est légitime. Nous ne pouvons pas, devant une affirmation, si scientifique qu'elle soit, nous dessaisir de notre droit d'examen ; nous devons même l'exercer sous peine de déchéance morale. Nos adversaires d'ailleurs seraient les premiers à nous blâmer, eux, qui n'admettent une vérité qu'après l'avoir vérifiée et contrôlée.

Vous nous répondez que c'est le cerveau qui pense, que c'est dans le cerveau qu'on étudie la pensée. Mais vous confondez les conditions du phénomène avec le phénomène lui-même. Les sensations, les affections, sont des faits ; nous voulons les étudier. Montrez-nous leur forme, leur figure, leur poids. Bien souvent vous avez observé avec soin les lobes, la substance, les membranes de ce cerveau.

Dites-nous si vous avez découvert dans les fibres de la matière grise ou de la matière blanche une trace de leur apparition ? Assurément vous nous faites une brillante et consciencieuse description de l'harmonie, qui existe dans toutes les parties de ce merveilleux instrument; mais vous êtes obligés de reconnaître qu'il est toujours resté muet devant vous, et que les artistes sont toujours invisibles.

Ainsi vous ne connaissez rien des faits de l'ordre intellectuel et moral ; vos recherches expérimentales n'ont rien découvert, et vous nous parlez de biologie et de sociologie. Vous savez aussi bien que nous, que de ces deux sciences, l'une (la biologie) ne peut pas se passer de la théorie des facultés humaines, et que l'autre (la sociologie) ne se comprendrait pas, sans l'analyse des instincts, des penchants, des inclinations, des sentiments, toutes choses que vous ignorez. Cependant vous osez aborder cette étude. Que dis-je ! vous l'avez presque terminée.

A défaut de faits, vous avez, sur des hypothèses non contrôlées, établi un système, qui ne peut pas tenir les promesses du programme positiviste. Peut-être même que, l'œuvre achevée, dans ces heures de doux épanchements, d'intime effusion, de lyriques transports, vous avez, en la contemplant, répété plus d'une fois ce vers du poète :

*Exegi monumentum ære perennius.*

Hélas ! C'est un monument bâti sur le sable, qui déjà menace ruine, et s'effondrera de lui-même, sans avoir connu les assauts de la tempête et sans avoir à redouter les outrages du temps.

Convenons, messieurs, que la psychologie, que vous écrasez de vos dédains, est un guide bien plus sûr et que sa méthode est bien plus conforme à la raison, en admettant deux sortes d'observations, pour deux ordres de faits distincts (les faits externes et les faits internes), l'une qui se fait par les sens et l'autre par la conscience ; la première, qui étudie tous les objets sensibles ; la seconde, qui nous instruit de tout ce qui se passe en nous. Faut-il être métaphysicien, je vous le demande, pour comprendre ces conclusions simples et naturelles, qui peuvent se résumer ainsi : toutes nos connaissances se divisent en deux grandes classes ; à chaque classe répond un mode d'observation ; chaque mode a un instrument, qui lui est propre? Les sens nous font percevoir les objets extérieurs dans leur ensemble ou leurs détails, dans leur harmonie ou leur désordre et parcourant toute l'étendue de cette immense échelle, dont les deux extrémités sont l'infiniment grand et l'infiniment petit. La conscience nous fait connaître tout ce qui échappe aux sens (les faits intimes).

« Devant elle, pour nous servir de la belle comparaison de Royer Collard, nos plaisirs, nos peines, nos sensations, nos actes, nos pensées, en un mot, s'écoulent, comme les eaux d'un fleuve, sous les yeux d'un spectateur attaché au rivage. »

La question étant ainsi posée, la réponse peut-elle être douteuse?

## VIII°

### CONSÉQUENCES FATALES DU POSITIVISME

15 Juin 1895.

Mon jeune ami, après avoir constaté les regrettables lacunes et la défectueuse méthode du système positiviste, nous en examinerons les déplorables conséquences, tout en négligeant de relever les erreurs, qui se sont glissées volontairement ou involontairement dans les définitions et dans l'argumentation de nos adversaires. Ces conséquences sont celles-ci :

1° La négation de l'âme ; 2° le scepticisme en logique; 3° le fatalisme en morale ; 4° l'athéisme.

### 1° *Négation de l'âme.*

Si l'homme n'est qu'un agrégat d'atomes, dont les divers éléments sont disposés, arrangés et combinés d'après les lois éternelles, qui régissent la matière, l'âme n'est plus qu'une hypothèse. Si l'âme n'est plus qu'une conception métaphysique, comme le disent les positivistes, tout périt avec le corps. Si tout périt avec le corps, que deviennent les annales domestiques ?

« La suite de nos ancêtres n'est donc qu'une sorte de

chimère, puisque nous n'avons pas d'aïeux et que nous n'aurons pas de neveux. Les soins du nom et de la postérité sont donc frivoles ; l'honneur qu'on rend à la mémoire des hommes illustres, une erreur puérile, puisqu'il est ridicule d'honorer ce qui n'est plus ; la religion du tombeau, une illusion vulgaire ; les cendres de nos pères et de nos aïeux, une vile poussière, qu'il faut jeter au vent, et qui n'appartient à personne ; les dernières intentions des mourants, si sacrées parmi les peuples les plus barbares, le dernier son d'une machine, qui se dissout. »

Massillon.

### 2° *Scepticisme en logique.*

Si l'intelligence de l'homme subit les modifications du cerveau, cet organe, comme tous les autres organes, se modifiant sans cesse dans le même individu, variant d'individu à individu, présentant une conformation différente suivant les races, la vérité doit perdre son caractère d'immutabilité. De là le scepticisme en logique.

### 8° *Le fatalisme en morale.*

Si l'homme est soumis aux lois fatales, qui régissent la matière, à quoi servent les préceptes de la morale positiviste ? Distinguant deux sortes de penchants, les uns personnels ou intéressés, les autres impersonnels ou désintéressés, elle recommande de résister aux premiers et de faire prévaloir les seconds. Mais ces conseils deviennent inutiles, puisque l'homme n'est pas libre.

### 4° L'athéisme.

Quel est le rôle de Dieu dans le positivisme? On peut bien affirmer, sans craindre d'être démenti, qu'il est nul. Les causes finales ne viennent pas de Dieu. Ce sont des effets de causes naturelles ; la vie est due aux générations spontanées. Dès que des circonstances extérieures favorables apparaissent, l'être organique plus complexe que l'être inorganique apparaît. La vie n'est qu'une succession de mouvements physico-chimiques, et la pensée une transformation de mouvements; la marche des corps célestes dans l'espace est due à la gravitation ; leur forme et leur structure, à leur mouvement rotatoire. Donc Dieu n'existe pas :

Nous ne voulons pas nous arrêter à examiner de nouveau la valeur de ces affirmations, nous l'avons déjà fait ; mais nous donnerons à méditer à ces philosophes de la nouvelle Ecole, ces quelques lignes de Voltaire.

« Otez aux hommes l'opinion d'un Dieu rémunérateur et vengeur, Sylla et Marius se baignent alors, avec délice, dans le sang de leurs concitoyens; Auguste, Antoine et Lépide surpassent les fureurs de Sylla; Néron ordonne de sang-froid le meurtre de sa mère: il est certain que la doctrine d'un Dieu vengeur était alors éteinte chez les Romains. L'athée fourbe, ingrat, calomniateur, brigand, sanguinaire raisonne et agit conséquemment, s'il est sûr de l'impunité de la part des hommes ; car, s'il n'y a pas de Dieu, ce monstre est son Dieu à lui-même ; il s'immole tout ce qu'il désire, ou tout ce qui lui fait obstacle ; les prières les plus tendres, les meilleurs raisonnements ne peuvent pas plus sur lui, que sur un loup affamé.

« Une société particulière d'athées, qui ne se disputent rien et qui perdent doucement leurs jours dans les amusements de la volupté, peut durer quelque temps, sans trouble ; mais, si le monde était gouverné par des athées, il vaudrait mieux autant être sous le joug immédiat de ces êtres informes, qu'on nous peint acharnés contre leurs victimes. »

*Conclusion.* — Comme vous le voyez, mon cher ami, le système positiviste n'est ni nouveau, ni original. Tout ce qu'on dit, dans ce système, de la pensée et des faits intellectuels, qui, comme nous l'avons vu, ont été négligés ou mal étudiés, est emprunté aux métaphysiciens des temps anciens ; et cet emprunt est à peine déguisé. On a puisé largement dans les théories de Thalès, de Pythagore, de Démocrite et d'Héraclite ; on a ajouté ce qu'on a pu trouver de conforme à ces théories dans Hobbes, Gassendi, Locke, et Condillac ; et le tout a formé ce qu'on pourrait appeler un *selecta de veteribus philosophis.*

A quoi bon exhumer des auteurs ensevelis dans la poussière des vieux âges ? Serait-ce que, ne pouvant rien produire, on pense, en remontant vers les siècles passés, trouver de la nouveauté dans l'antiquité même ? N'est-ce pas plutôt avouer tacitement une inavouable impuissance ?

Nous avons donc raison de dire que le système n'est ni nouveau, ni original. Le positivisme, en effet, n'est pas autre chose que le matérialisme, quoique ses partisans déclarent hautement que leur science n'est ni matérialiste, ni spiritualiste.

Nous terminons cette critique par une réflexion, que nous a inspirée le rapide examen du système positiviste ; c'est que toutes les branches de ce système (biologie, sociologie, morale, éducation, etc., etc...) sont indépendantes les unes des autres, sans points de contact, sans rapports, et qu'elles n'ont point pour base commune des principes solidement établis et clairement exposés. Or, sans ces principes, tout système philosophique est sans valeur, quelles que soient la bonne foi et l'habileté de ceux qui l'ont édifié.

C'est ce que n'ont point compris les novateurs du XIXe siècle, quand ils ont essayé de donner de nouvelles solutions aux grandes questions, que soulève l'étude de l'homme considéré comme être sensible, intelligent et moral. Il est arrivé, ce qui devait fatalement arriver : c'est que les solutions sont presque toujours incomplètes, quand elles ne sont pas fausses.

## IXe

### LE POSITIVISME, COMME LE MATÉRIALISME,
### EXERCE UNE INFLUENCE NÉFASTE SUR LE CARACTÈRE DE L'INDIVIDU ET LES MŒURS D'UN PEUPLE

*1er juillet 1895.*

On a toujours et partout remarqué que le matérialisme se développe et grandit dans les époques troublées. Aussi, quand on voit autour de soi des traces de désordre dans la société, on peut affirmer que la morale publique subit l'influence d'un courant d'idées malsaines. Et la nécessité s'impose à tout citoyen, qui aime sa patrie, qui la veut grande, belle, honorée et respectée, de lutter pour l'arracher à ce courant, qui ne laisse derrière lui que la ruine et la désolation.

Voyons donc, mon jeune ami, si vous le voulez bien, ce qui se passe dans le milieu où nous sommes. Nous trouverons là tous les éléments nécessaires d'appréciation pour juger de la gravité d'un mal, qui, pour le moment, est encore localisé, mais qui menace de s'étendre et de devenir une plaie sociale. Nous ne nous laisserons détourner de cet examen, qui répugne à nos goûts, ni par les clameurs bruyantes d'une foule indignée, qui, souffrant des atteintes du mal, n'a pas le courage d'en chercher les causes et de les combattre, ni par les protestations émues de ces gens paisibles, qui, vivant pour eux, ne veulent pas qu'on trouble le calme de leur vie, et dont le silence est aussi coupable que la lâche complaisance flattant les vices, d'où naissent les désordres que nous voyons.

Assistons donc à ce triste spectacle, que présentent les trois classes de la société, qui, chez nous, sont le plus nettement délimitées, et consignons avec soin tous les signes d'une dégénérescence lente, mais accentuée, que nous remarquerons, heureux de pouvoir déclarer ici, qu'à tous les degrés de la hiérarchie sociale, il y a d'honorables exceptions, qui nous consolent des misères morales, que nous rencontrons, en nous laissant au fond du cœur l'espérance du salut.

Si nous nous élevons dans les hautes régions sociales, gouvernementales, politiques, nous établissons deux catégories bien distinctes, celle des oisifs, esprits superficiels, et celle des ambitieux, esprits cultivés. Les uns n'ont que le mérite de la naissance. « Ceux-là, dit Massillon, craignant toujours qu'on ignore la grandeur de leur race, l'ont sans cesse à la bouche, et croient en assurer la vérité par une affectation d'orgueil et de hauteur. » Hommes vains et nuls, ils parlent sans cesse de leurs fins soupers, de leurs clefs de meute, de leurs écuries, des femmes à la mode, de leurs succès dans le demi-monde, etc., etc... Le plaisir, pour eux, est la règle suprême de la vie. Ils sont salués partout par un sourire de pitié. Nous les laisserons de côté. Ils ne jouent qu'un rôle effacé et ridicule.

Les autres, aux avantages que leur a donnés le hasard de la naissance, joignent des mérites personnels, qu'on a eu le tort d'exagérer devant eux. Ils se regardent, comme des esprits transcendants, dont la supériorité ne demande, pour être consacrée, qu'à être mise en lumière. C'est alors qu'ils se sont jetés dans la mêlée ardente, où les rivaux se pressent, se poussent, se heurtent pour arriver les premiers à la curée des places, des charges, des dignités, des honneurs. Les chutes sont fréquentes ; mais chaque chute ne fait qu'irriter leurs désirs, qu'aiguillonner leurs passions. Pourtant, un jour viendra, où après s'être épuisés en vains efforts, après avoir bu toutes les humiliations et dévoré tous les affronts, ils renonceront à la lutte, qu'on est convenu d'appeler aujourd'hui honnête et loyale. Ils auront recours aux moyens tortueux, indélicats, inavouables ; ils capituleront avec leur conscience, renieront le passé de la famille, vendront leur indépendance, useront de la délation, violeront la foi jurée, trahiront le secret d'un ami, fouleront aux pieds les droits les plus sacrés, pour arriver à leurs fins. Cette folie, qu'on décore du nom d'ambition, c'est l'égoïsme, dans ce qu'il a de plus hideux, l'égoïsme écrasant sans pitié tout ce qui fait obstacle à la satisfaction de ses tendances irraisonnées.

Plus bas, nous trouvons le bourgeois et l'industriel, qui marchent presque de front dans la vie sociale. Le premier, vivant d'un revenu acquis par un travail opiniâtre et grossi par des héritages inespérés et d'heureuses spéculations, ne se souvient plus de ses pénibles débuts et de sa modeste origine. Il savoure en sybarite, les douceurs d'un repos idéal et d'une aisance dorée, laissant glisser sa barque au courant de l'eau, sous un ciel sans menace ; il jouit du présent et ne veut pas songer à l'avenir. Il écarte avec soin toute pensée, qui pourrait troubler sa quiétude et corrompre ses joies ; il écoute avec complaisance tout ce qui flatte son amour propre et caresse sa vanité ; il se conduit, non d'après ses affections et ses répugnances, mais d'après ses calculs ; il consent, à la prière de ses amis, à se laisser porter aux honneurs de l'édilité, dans sa petite ville ; mais, en se mêlant aux affaires publiques, il cherche moins à défendre les intérêts de ses concitoyens, qu'à relever, à leurs yeux, les mérites qu'il croit avoir. C'est l'égoïsme, dans tout ce qu'il a de plus étroit.

Le second ne voit plus dans l'industrie la messagère de la civilisation, introduisant dans les pays les plus lointains, avec ses merveilles, le goût et le respect des belles choses, excitant l'émulation, qui les fait naître, resserrant, entre tous les peuples, les liens d'estime et d'amitié, et les faisant marcher d'un pas presque égal, vers le but assigné à l'humanité : le progrès. Il oublie que l'industrie exerçant l'activité de milliers d'artisans est souverainement moralisatrice, et qu'elle est la source la plus féconde de la richesse de son pays. Toutes ces considérations n'intéressent que les esprits spéculatifs. Pour lui, l'industrie est une mine qu'il exploite avec cette rare habileté, que donne le talent, et cette ardeur fébrile, que nourrit et entretient la certitude du succès. Il a rompu avec les anciens errements, qui faisaient de l'économie, du travail, d'une active surveillance, d'une sage gestion, les éléments sérieux d'une fortune solidement établie. C'était la voie que suivaient autrefois nos pères. Il s'est lancé dans les grandes affaires, a demandé à l'épargne publique des capitaux, qu'il n'avait pas, leur fait rapporter de gros intérêts (*recte, si non quocumque modo*), distribue aux intéressés de maigres dividendes, et garde pour lui les plus beaux bénéfices. C'est ainsi que notre jeune et notable industriel parvient à réaliser ses rêves de fêtes mondaines, de réceptions brillantes, d'équipages luxueux, rêves, qui, depuis si longtemps, troublaient le repos de ses nuits. Tel est aussi le secret de ces rapides et colossales fortunes, qui étonnent les simples et les naïfs.

Egoïsme ! Egoïsme ! mais sous une autre forme.

Plus bas encore, nous rencontrons l'ouvrier. Autrefois, l'ouvrier vivait et mourait dans la maison, où il avait fait son apprentissage, ayant à ses côtés deux ou trois enfants. Les ans avaient fait naître entre le patron et ce vétéran du travail une touchante intimité, qu'un échange continu de bons offices avait fortifiée. Si, dans les jours de chômage, le patron gardait auprès de lui cet honnête et laborieux père de famille, sans pouvoir l'occuper, il savait bien qu'il pouvait compter sur lui, quand des commandes trop nombreuses exigeraient une dépense double de forces et d'activité. Si, quatre fois l'an, avec cette exquise délicatesse, qui rapproche les distances, il invitait à sa table ce confident discret, ce conseiller sûr, il n'ignorait pas que, plus d'une fois, dans des moments difficiles, il avait puisé à ses épargnes, pour faire face à de lourdes échéances. Noble caractère, digne de toutes les sympathies et de tous les respects. Mais aujourd'hui,

> Que les temps sont changés !

Trompé par les menteuses promesses de ces prétendus amis du peuple, qui ont toujours exploité sa crédulité, pour en faire l'instrument de leurs convoitises et de leur ambition, l'ouvrier s'est laissé entraîner dans le courant des idées du jour, d'autant plus facilement que ces idées flattent ses instincts natifs, en le berçant de chimériques espérances. Il a droit à une part de la liquidation sociale, lui a-t-on dit; il y compte. Cette part lui suffira largement. A quoi bon travailler ? Aussi n'apparait-il que rarement à l'atelier. Il aime mieux se mêler aux agitations stériles des réunions publiques et aux bruyantes manifestations de la rue. Il attend avec le calme, que donne la confiance, l'ère nouvelle annoncée par les grands prêtres de la révolution sociale. Si, contrairement à son attente, elle tardait trop à venir, il a des moyens à sa disposition pour hâter son avènement : la grève d'abord, la dynamite ensuite.

Il n'obéit qu'à ses tendances instinctives les plus perverses. Fatal aveuglement d'une âme dévoyée, qui demande à la violence et au crime la satisfaction de ses basses aspirations.

Enfin, dans les bas-fonds gisent ces tristes épaves de la débauche et de la corruption, ces gens sans aveu, qui naissent dans un terrain vague, vivent dans les prisons et meurent au gibet. Le nombre de ces gens s'accroît tous les jours dans des proportions inquiétantes. Ceux-là n'ont pour but, dans la vie, que la satisfaction de leurs tendances bestiales.

Ainsi, de quelque côté que nous tournions nos regards, nous nous trouvons toujours en présence de deux motifs d'action : le plaisir et l'intérêt. Avec le plaisir, l'homme, suivant la classe, à laquelle il appartient, ou bien donne le déplorable exemple de la licence la plus effrénée, dans les jouissances exclusives, ou bien arrive au dernier degré d'avilissement et de corruption. Les mœurs disparaissent ; le sentiment moral s'éteint ; les vertus sont honnies ; la dépravation s'étale avec une complaisance scandaleuse.

Ce sont là les signes avant-coureurs de la décadence d'un peuple. Nos pères, nous objectera-t-on, répétaient sans cesse ce que nous entendons dire autour de nous : « Tout est renversé dans le monde, le dérèglement est général ; il n'y a ni âge, ni sexe qui en soit exempt ». Et cependant rien n'est changé. Comme autrefois, les périodes brillantes succèdent aux périodes sombres d'une manière constante et régulière.

Nous répondrons qu'il faut bien des années de dérèglement et de libertinage, pour arriver à ce comble d'infamie, qui ne laisse plus d'espoir. Nous pourrions ajouter, si nous ne craignions d'être accusé de naïveté, que dans toute maladie morale ou physique, si le mal n'est pas enrayé, il est impossible d'éviter un dénouement fatal.

Avec l'intérêt, qui enfante l'égoïsme, dont la devise est celle-ci : « être riche pour soi et pauvre pour tous », l'avenir d'un peuple est compté. « Supposons en effet que les puissants et les riches fussent sans pudeur et sans pitié, quand il s'agit de devenir plus riches ; que l'or et les denrées, au lieu de couler librement et de porter la vie dans tous les membres de l'Etat, fussent détournés et ne servissent plus qu'à former le luxe des agioteurs, des parvenus, des courtisans nobles ou roturiers, que deviendrait l'Etat ? Les forces vitales étant mal équilibrées, quelques membres prendraient un développement exagéré ; mais le corps dépérirait, et ne serait bientôt plus qu'un cadavre (1) ».

C'est bien là ce que nous avons vu à toutes les époques souffrant des atteintes de ces deux maux. Juvénal compte scrupuleusement, pendant les trois quarts de sa longue vie, tous les degrés de la corruption de ses contemporains, pour consigner plus tard, dans ses satires fameuses, les causes de la décadence des Romains. Ouvrez son livre. Les plaintes amères du satirique contre les dépravations de ses concitoyens, plaintes si sincères dans la bouche du poète, ne laisse-

---

(1) Dussaulx.

ront pas de vous impressionner vivement ; car, vous saisirez, en comparant notre époque à celle de l'écrivain latin, des rapports d'une effrayante similitude.

— Voulez-vous parvenir, dit-il, osez quelque forfait digne de Gyare (1) et des cachots. — On vante la probité, et elle se morfond. — Quand le torrent du vice fut-il plus rapide, le gouffre de l'avarice plus profond, la manie des jeux de hasard plus effrénée ? — La postérité n'ajoutera rien à la dépravation de nos mœurs. — Je défie nos neveux de surpasser leurs pères. — Le vice est à son comble.

Eh quoi ! Le glas funèbre qui sonnait pour Rome, sonnerait-il donc pour la France, qui a su, pendant tant de siècles, forcer les respects et ravir l'admiration de toute l'Europe ? Je ne veux pas le croire, parce que, dans notre beau pays, la perversité, la corruption, les turpitudes sont condamnées à d'éternels opprobres ; parce que la vérité peut être obscurcie un moment, mais pour briller plus tard d'un plus vif éclat ; parce que Dieu, qui a toujours protégé la France, la protègera encore. Mais il est temps d'apporter un remède énergique à ce mal effrayant. Cherchons d'abord quelle est la cause du mal.

« Qu'il y ait des mânes, dit encore Juvénal, un royaume souterrain, un Caron et de noirs reptiles dans les gouffres du Styx, que tant de milliers d'hommes

---

(1) Gyare, petite île de l'Archipel, dont presque tous les anciens ont mention. Rome y envoyait ses plus fameux criminels.

traversent l'onde fatale dans une barque, c'est ce que
ne croient plus les enfants arrivés à l'âge, où il faut
payer pour se baigner aux bains publics ». Puis il
ajoute : « Gardons-nous de cette incrédulité coupable ».

Le poète veut dire par là qu'on ne croyait plus à une
autre vie. C'était là la source du mal. Or la vie future
n'était point une hypothèse pour lui. Il est évident
qu'il croyait avec Properce, que nous ne mourons pas
tout entiers.

*Sunt aliquid manes, lethum non omnia finit.*

Juvénal avait raison. De toutes les causes engendrant
le mal qui nous dévore, la première, à notre avis, est
cette incrédulité coupable, dont parle le poète. Si
l'homme n'a pas la pensée consolante de l'immortalité
de l'âme, sa vie est sans but et ne doit avoir pour
règle que la satisfaction des instincts natifs. La mora-
lité est fatalement bannie de cette vie, puisqu'elle résulte
de la lutte constante de ces deux motifs d'action déjà
nommés (le plaisir et l'intérêt) avec un troisième, dont
on n'a plus la moindre notion (le devoir).

Quel remède faut-il apporter à ce mal ? Je n'en vois
qu'un seul. L'homme doit chercher à se connaître, à
remonter à son origine, pour mieux comprendre sa fin,
à savoir quelle place lui a été assignée dans le monde, à
s'estimer plus que la chose qui passe, ne laissant rien
d'elle, et à s'affirmer une individualité, qui, une fois
créée, vit toujours. L'homme ne doit pas voir en lui
seulement un être sensible, intelligent, mais un être

libre, et comme tel, responsable de ses actes ; un être, qui, dans ses relations sociales, ne se contentera pas de tenir compte de l'opinion publique, de la conséquence naturelle de ses actes, de la sanction des lois positives, mais qui s'inclinera devant la sentence équitable de deux juges : la conscience et Dieu ; de deux juges, qui récompensent et punissent, la conscience ici-bas, et Dieu là-haut.

*Conclusion.* — Il est évident, d'après tout ce que nous avons dit, que nous subissons l'influence d'un courant d'idées malsaines, qui commence à corrompre tous les esprits, et que le matérialisme tend à faire des progrès inquiétants pour le citoyen dévoué à son pays, si l'on songe que chaque progrès est un pas en avant que fait la société vers l'abîme. Il est évident également, (et vous l'avez reconnu vous-même) que le positivisme se rattache par ses principes et ses théories à cette funeste école.

Xᵉ

DERNIERS CONSEILS

15 juillet 1895.

En m'acquittant de la tâche que je m'étais imposée, je vous ai parlé, mon jeune ami, avec la franchise, qui convient à mon caractère et à nos relations. Vous ne m'en voudrez point, si, oubliant que vous n'êtes plus l'enfant qui venait autrefois s'asseoir à mes côtés, j'ajoute quelques conseils.

Restez fidèle à ces grands principes du spiritualisme si féconds en salutaires enseignements, à ces principes éternellement vrais, qui ne font plus de l'homme un jouet de forces aveugles, mais un être libre, assumant la responsabilité de ses actes, un être moral, qui place au-dessus des intérêts privés l'intérêt général, c'est-à-dire la réalisation de l'ordre : le bien ; un citoyen, qui apporte chaque jour son tribut d'efforts et de labeurs à la société, pour l'aider à atteindre le but, qui lui est assigné, c'est-à-dire le progrès sous toutes ses formes ; un sage, qui s'endort dans la mort, plein de calme et de sérénité, parce qu'il sait qu'il se réveillera dans un monde meilleur.

Quelle admirable doctrine ! Combien elle élève et

fortifie le cœur ! Mais, cher ami, suffit-il d'avoir pour elle un culte secret ? Non, il faut encore la propager. La tâche est souvent difficile et pénible toujours. Vous vous heurterez à l'indifférence ; vous serez exposé à la raillerie. Qu'importe ? Vous vous sentirez soutenu dans cette épreuve par la satisfaction d'avoir accompli un devoir, que j'appellerai devoir social. Courage ! Et comptez toujours sur l'affection d'un vieil ami, qui vous est tout dévoué.

# TABLE DES MATIÈRES

|  | Pages. |
|---|---|
| I<sup>re</sup> Réponse à la lettre de mon jeune ami. | 9 |
| II<sup>e</sup> Théorie du spiritualisme et du matérialisme | 15 |
| III<sup>e</sup> Exposé sommaire du système positiviste. | 20 |
| IV<sup>e</sup> Examen des principales divisions du système. | 23 |
| V<sup>e</sup> La conclusion tirée du principe sur lequel repose le positivisme est fausse. | 31 |
| VI<sup>e</sup> Lacunes que nous trouvons dans le système positiviste. | 35 |
| VII<sup>e</sup> Méthode défectueuse | 44 |
| VIII<sup>e</sup> Conséquences fatales du positivisme. | 55 |
| IX<sup>e</sup> Le positivisme, comme le matérialisme, exerce une influence néfaste sur le caractère de l'individu et les mœurs d'un peuple. | 60 |
| X<sup>e</sup> Derniers conseils. | 71 |

Orléans. — Imprimerie Paul PIGELET, rue Saint-Étienne, 8.

www.ingramcontent.com/pod-product-compliance
Lightning Source LLC
LaVergne TN
LVHW020951090426
835512LV00009B/1840